L'AMIRAL DUPERRÉ

DISCOURS PRONONCÉ

Par LE R. P. LECANUET

PROFESSEUR D'HISTOIRE

A LA DISTRIBUTION DES PRIX DU COLLÈGE LIBRE DE JUILLY

LE LUNDI 27 JUILLET 1891

PARIS
IMPRIMERIE DE D. DUMOULIN ET Cⁱᵉ
5, RUE DES GRANDS-AUGUSTINS, 5
1891

L'AMIRAL DUPERRÉ

ÉLÈVE DE JUILLY, 1783-1787

L'AMIRAL DUPERRÉ

DISCOURS PRONONCÉ

PAR LE R. P. LECANUET

PROFESSEUR D'HISTOIRE

A LA DISTRIBUTION DES PRIX DU COLLÈGE LIBRE DE JUILLY

LE LUNDI 27 JUILLET 1891

PARIS

IMPRIMERIE DE D. DUMOULIN ET Cⁱᵉ

5, RUE DES GRANDS-AUGUSTINS, 5

1891

L'AMIRAL DUPERRÉ[1]

ÉLÈVE DE JUILLY, 1783-1787

DISCOURS DU P. LECANUET

PROFESSEUR D'HISTOIRE

Monsieur le Président[2],

Hier soir, votre éloquente parole était applaudie à Sainte-Anne d'Auray, aux extrémités de la Bretagne. Sans prendre de repos, sans calculer votre peine, vous êtes accouru à Juilly. Comment assez vous remercier de votre sympathique empressement? L'honneur que vous nous faites aujourd'hui, nous le sentons très vivement. Vous êtes l'élu de ce peuple dont votre compatriote Brizeux disait :

> Oh ! Nous sommes encor la race d'Armorique,
> La race courageuse et pourtant pacifique...
> Que rien ne peut dompter quand elle a dit : Je veux !
> Nous avons un cœur franc pour détester les traîtres ;
> Nous adorons Jésus, le Dieu de nos ancêtres...
> Le vieux sang de tes fils coule encor dans nos veines,
> O terre de granit recouverte de chênes !

Et si la Bretagne vous a choisi pour la représen-

---

1. Je prie M. le vice-amiral baron Duperré d'agréer l'hommage de ma gratitude pour les renseignements qu'il a bien voulu me communiquer sur son illustre père.
2. M. G. de Lamarzelle, député de Lorient, professeur à l'Institut catholique.

ter, Monsieur, c'est évidemment que vous lui ressemblez et qu'elle a reconnu en vous sa vieille foi et sa chevaleresque vaillance. Que de fois déjà, à l'Institut catholique et à la tribune française, vous lui avez donné lieu d'être fière de vous ! C'est pourquoi je suis fier, moi aussi, Monsieur, de vous saluer, au nom de Juilly, comme l'un des hommes sur lesquels comptent le plus, dans nos temps troublés, la religion et la patrie.

Mes chers Enfants,

On lit dans les Mémoires du maréchal de Villars qu'étant encore sur les bancs de ce collège, il entendit son père se plaindre de sa mauvaise fortune. « Pour moi, répondit le futur vainqueur de Denain, je suis certain d'en faire une grande : Je périrai ou je parviendrai ! » Vous savez s'il a tenu parole. Rien, mes amis, n'excite les âmes comme une noble ambition. Donner à sa vie un but supérieur, avoir sans cesse devant les yeux cet idéal élevé, y tendre avec persévérance par le développement de toutes ses facultés, voilà ce que Dieu veut, ce que vos parents et vos maîtres attendent de vous.

Il l'avait bien compris votre glorieux camarade l'amiral Duperré, dont je me propose de vous entretenir quelques instants. Aussi le verrez-vous partir simple mousse et devenir amiral de France.

Il l'est devenu, non par l'intrigue ou la faveur. Suivant un mot célèbre, son honnêteté a constitué toute son habileté. C'est par un travail acharné, un amour passionné du devoir et cinquante années de sacrifices et de dévouement, qu'il est parvenu.

Chaque pas de sa longue carrière a été marqué par une action d'éclat. Chacun de ses grades fut la récompense d'un service rendu au pays.

Puisse-t-il, mes amis, trouver parmi vous des imitateurs et des émules !

I

C'est à la Rochelle, le 20 février 1775, dans un hôtel de la rue Dauphine, que vit le jour Guy-Victor Duperré. Mais sa famille appartenait à la basse Normandie. Un de ses oncles était mort pour la France à Dettingen. Il faisait partie de cette troupe héroïque qui, dans la nuit du 27 juin 1743, entraînée par son chef le duc de Gramont, se jeta sur les retranchements anglais, et par sa téméraire ardeur compromit la victoire. M. Jean Duperré, père de l'amiral, était conseiller du roi et trésorier principal de la généralité de la Rochelle. Lorsqu'il mourut en 1775, ce patriarche chrétien ne put qu'entrevoir et bénir son vingt-deuxième enfant, celui qui devait à jamais illustrer son nom.

Les premières années de Duperré s'écoulèrent obscures et heureuses sous l'aile maternelle, au bord de l'Océan. Dès lors l'Océan exerça sur sa jeune âme un mystérieux attrait, et eut, après Dieu et ses parents, son premier amour. C'est sans doute en jouant sur ses bords qu'il reçut en pleine figure un coup de feu qui eût pu lui ôter la vie. Il n'avait que cinq ans. Mais son visage inondé de sang ne trahit pas la moindre émotion, pas plus que vingt ans après sous la mitraille anglaise.

A l'âge de huit ans, Guy Duperré entra à Juilly. Dirigé par le Père Petit, le collège était alors en pleine prospérité et comptait plus de trois cents élèves. En fouillant les vieux registres ensevelis depuis plus d'un siècle dans la poussière de la bibliothèque, j'ai découvert ces notes éparses, que vous me pardonnerez de reproduire ici dans toute leur simplicité :

« Guy du Perré entré le 30 avril 1783, sorti en septembre 1787 ;

« A l'infirmerie pendant six semaines en mai et en juin 1783 ;

« Apprend à écrire dès son arrivée ;

« Petite fièvre, février 1784 ;

« Prend le violon du 8 octobre 1784 ;

« Maître de danse du 19 janvier 1785 ;

« Prend le dessin du 1er octobre 1786. »

Mais sur ces cahiers poudreux, à côté du nom de Duperré, s'en trouvent d'autres qui ont leur éloquence. Ce sont les noms de ses camarades et de ses amis, presque tous du même âge et peut-être de la même classe.

C'est Bouvet de Lozier, plus tard général et qui conserva à la France l'île de la Réunion ; c'est Duphot, simple soldat en 1791, général à vingt-sept ans, tué en Italie en 1797 ; Decaux, le défenseur d'Anvers, ministre de la guerre et pair de France ; d'Albignac, qui gagna tous ses grades sur les champs de bataille et devint commandant de Saint-Cyr; Desvaux, qui, après s'être couvert de gloire dans toutes les guerres de l'Empire, tomba à Waterloo, où il commandait en chef l'artillerie de la garde impériale ; ce sont Paultre de la Mothe, Rohaut de Fleury, Lafon de Blaniac, généraux distingués ; et Muiron, aussi turbulent et paresseux au collège qu'intrépide devant l'ennemi, Muiron, colonel à vingt-deux ans, lieutenant de Bonaparte, et frappé glorieusement au pont d'Arcole en sauvant son général... Et je ne parle ici que de l'armée, je ne dis rien de Chenedollé, l'ami de Chateaubriand, ni d'Arnault, secrétaire perpétuel de l'Académie française... Mais, après avoir rappelé ces noms glorieux à divers titres, ne suis-je pas en droit de conclure qu'à Juilly Duperré et ses amis n'apprirent pas seulement l'écriture, la danse et le violon ? ils y apprirent à devenir des hommes de devoir et d'honneur, toujours prêts à se sacrifier pour leur pays.

A la suite de revers de fortune éprouvés par sa famille, Guy Duperré quitta Juilly en 1787. Trois ans plus tard nous le retrouvons, à peine âgé de seize ans, sur un navire marchand qui fait route pour Saint-Domingue. Assurément les rudes compagnons qui regardent le mousse Duperré grimper aux cordages ne prévoient guère qu'il deviendra un illustre amiral. Mais Dieu l'a marqué au front, et s'il lui donne de pénibles commencements c'est qu'il lui réserve de hautes destinées.

Pendant trois ans Duperré fait son apprentissage de marin. Il parcourt l'Atlantique et le golfe du Mexique, il contemple l'horizon des tropiques dont rien n'égale la magnificence, contourne l'Afrique et explore les mers de l'Inde orientale. Plus il vit sur la mer, plus il l'aime. Elle, en retour, le transforme. A son souffle puissant le frêle enfant devient un vigoureux jeune homme ; son esprit et son expérience se développent, sa raison mûrit et son cœur s'affermit contre l'adversité.

II

Nous sommes en 1793. Les crimes de la Révolution, les massacres de Septembre et la mort de Louis XVI ont déchaîné sur nous une coalition générale. Pour arrêter le torrent révolutionnaire, l'Angleterre, la Hollande, la Prusse, l'Autriche et l'Empire, l'Espagne et l'Italie ont déclaré la guerre à la République. Cinq armées sont sur nos frontières. Jamais le danger ne fut plus grand.

Ce fut alors que Duperré, quittant la marine marchande, s'embarqua comme aide timonier sur une corvette de l'État, *le Maire-Guiton*. Il avait vingt ans, soif de se signaler et de se dévouer. Ce n'était point le gouvernement d'alors qu'il voulait servir. Les gouvernements passent, la France reste. Marin avant tout, Duperré se tint constamment en dehors des partis. Au-dessus d'eux, dans son cœur, il mit toujours la patrie, et il eut raison.

En 1795 il était aspirant sur la frégate *la Virginie*.

C'est là, le 17 avril 1796, qu'il reçut le baptême du feu. A minuit et demi, par un magnifique clair de lune, la frégate française fut entourée par toute une division anglaise. Malgré cette infériorité écrasante, la *Virginie* soutint pendant une heure et demie une lutte acharnée et ne se rendit qu'après avoir perdu la moitié de son équipage. Duperré resta une année entière dans les prisons de l'Angleterre. Lorsqu'il rentra, en novembre 1797, il fut, en récompense de sa belle conduite, promu enseigne titulaire. Le premier navire que Duperré commanda fut la *Pélagie*. Successivement on le chargea de protéger les convois entre Nantes et Brest, de porter des munitions et des vivres au Sénégal et d'assurer le maintien des communications entre nos colonies des Antilles. Le succès avec lequel il remplit ces diverses missions lui valut, en avril 1802, le grade de lieutenant de vaisseau. Sur son désir de prendre part aux luttes européennes, il reçut l'ordre de rejoindre le camp de Boulogne. Là se préparait le grand projet du premier consul. Désespérant de vaincre l'Angleterre sur mer, Bonaparte avait résolu d'aller dans son île saisir corps à corps la rivale irréconciliable de la France. Alors d'Anvers jusqu'à Boulogne, 2 343 bateaux plats avaient été construits. On les centralisa habilement sur les côtes de Picardie, et 160 000 hommes d'élite, commandés par Lannes, Soult, Ney et Davoust, n'attendirent plus qu'un signal pour s'embarquer. Duperré fut attaché d'abord à l'état-major de l'amiral Bruix, commandant en chef de la flottille.

Et quand ce dernier eut été remplacé par l'amiral Lacrosse, encore un glorieux élève de Juilly, on adjoignit le jeune lieutenant au préfet maritime de Boulogne. En le recommandant, deux ans plus tard, pour la Légion d'honneur et pour le grade de capitaine de frégate, cet officier supérieur écrivait au ministre : « L'activité et l'expérience de M. Duperré ont beaucoup contribué à la célérité de l'armement et des opérations de la flottille. »

Cependant le désastre de Trafalgar ayant contraint Napoléon d'abandonner ses vastes desseins, Duperré obtint, en décembre 1805, d'être embarqué comme lieutenant sur le *Vétéran*, commandé par le prince Jérôme Bonaparte, frère de l'empereur. Nous ne les suivrons point, mes amis, sur le navire qui les emporte à travers l'Océan jusqu'au Brésil et aux Antilles. Mais plus d'une fois, j'imagine, le nom de Juilly revint dans les causeries de bord des deux officiers. Ils parlèrent souvent des grands arbres à l'ombre desquels ils avaient joué enfants, et sourirent en se rappelant le petit lac sur lequel, comme vous peut-être, ils avaient navigué pour la première fois.

Quoi qu'il en soit, au retour de la campagne et sur la pressante sollicitation du prince, Duperré fut nommé capitaine de frégate et prit le commandement de la *Sirène*.

Le 17 janvier 1808, la *Sirène* et l'*Italienne* mirent sous voile de Saint-Malo, portant des soldats à la Martinique. Après avoir débarqué les troupes, elles reprirent la mer pour revenir en France.

Déjà les deux frégates ont reconnu Belle-Isle et vont entrer dans le Coureau de Groix, lorsqu'elles aperçoivent, à quatre heures du soir, une division anglaise qui les suit.

L'*Italienne*, d'une marche supérieure, parvient à gagner Lorient. Malheureusement, la *Sirène* est moins rapide. A sept heures et demie, elle se trouve serrée de chaque bord, à portée de canon, par un vaisseau et une frégate : « Amène, ou je te coule ! » hèle le commodore anglais. « Coule ! mais je n'amène pas ! répond la voix formidable de Duperré, feu partout ! » A l'instant la *Sirène* reçoit une décharge générale. Le vaisseau tire à tribord, la frégate à bâbord, la *Sirène* de toutes parts. La mer est embrasée. Les cris des équipages : « Vive la France ! Vive l'empereur ! Hurra ! » se perçoivent dans la nuit et dominent le canon. Pendant cinq grands quarts d'heure la bataille se prolonge. A la fin, la *Sirène*, qui tout en combattant, manœuvre vers la côte, se dégage et vient échouer sous les batteries de Groix. Là, mèche allumée, elle attend l'Anglais qui n'ose approcher.

Alors commence une nouvelle lutte non moins digne de mémoire. En vain la mer devient mauvaise ; en vain le pilote supplie qu'on abandonne le navire criblé et renversé. Pendant trois jours, sous les yeux de l'ennemi qui l'observe, Duperré s'obstine à relever la *Sirène*. Il y parvient enfin, et le 26 mars, à sept heures du soir, il rentre à Lorient avec sa frégate, vainqueur de la mer et des Anglais.

III

L'empereur avait donc trouvé un de ces officiers de marine jeunes, intelligents et audacieux, qu'il désirait depuis si longtemps. Quelques semaines après son brillant combat, Duperré prenait le commandement de la *Bellone* avec le titre de capitaine de vaisseau.

Il avait alors trente-trois ans. Tout dans sa personne indiquait un homme d'autorité et de caractère. Sa taille était souple et élevée, une chevelure noire et bouclée encadrait sa tête martiale; son regard habituellement doux et réfléchi lançait des éclairs dans la bataille; sa voix vibrante s'entendait au loin, dominant celle de la mer. A part Dieu il ne craignait personne. Mais profondément religieux, on le vit souvent avant une bataille ou une tempête s'agegenouiller et prier. Comme on le savait brusque et impétueux, on savait aussi qu'il aimait ses hommes et avait le cœur excellent. C'est pourquoi il inspirait à tous le respect et la crainte en même temps qu'un dévouement sans bornes et une confiance absolue. N'avait-il pas parcouru toutes les mers du globe? N'avait-il pas rempli tous les emplois, jusqu'aux plus humbles? N'était-il pas toujours le premier quand il fallait combattre et défendre l'honneur du drapeau?

Duperré partit de Saint-Malo le 8 janvier 1809, et après avoir gagné la haute mer ouvrit les dépêches qui réglaient sa campagne. On lui prescrivait de cingler vers l'île de France et de croiser dans les mers de l'Inde, prenant ou détruisant tous les bâtiments ennemis qu'il rencontrerait.

Cette chasse à l'Anglais était bien attrayante, mais elle offrait de grands risques. Les divisions ennemies sillonnaient toutes les mers : quelle prudence et quelle audace ne fallait-il pas pour leur échapper. Toutefois, chemin faisant, la *Bellone* captura et brûla cinq navires. Elle séjourna deux mois à l'île de France et reprit sa croisière à travers l'océan Indien. Avant tout, si l'on voulait tenir tête aux divisions anglaises il s'agissait d'en former une. Mais où trouver des vaisseaux? On en prit à l'ennemi. Successivement et après de rudes combats, quatre navires anglais, *le Victor*, *la Minerve*, *le Windham* et *le Ceylon*, furent capturés. Des officiers et des marins détachés de la *Bellone* en prirent la direction, sous le commandement supérieur de Duperré.

C'est avec cette petite flotte que, le 19 août 1810, il se préparait à rentrer à l'île de France. A son approche, le fort de la Passe, qui domine l'entrée du *Grand-Port*, arbora le drapeau tricolore. Un grand trois mâts, *la Néréide*, qui mouillait près de là, fit de même. Alors les navires de la division s'avancèrent en ligne de marche, mais prudemment et à peu de distance l'un de l'autre. A peine la *Minerve* était-elle engagée dans la passe qu'elle fut accueillie par un feu violent. Subitement, la frégate à l'ancre et le fort avaient arboré le pavillon anglais. L'île de France était-elle donc aux mains de l'ennemi? Malgré tout, la *Minerve* rendit feu pour feu et força le passage. La

Bellone et les autres bâtiments la suivirent sans hésiter.

Heureusement, l'ennemi n'occupait point l'île de France. Le fort de la Passe seul était par surprise tombé en son pouvoir.

Le lendemain, toute une division anglaise rallie la *Néréide* et vient présenter la bataille aux quatre navires français rangés dans le *Grand-Port*. Duperré est prêt. Il a visité chaque bâtiment et électrisé par ses ardentes paroles officiers et matelots. « Aux cris de : Vive l'Empereur! dit-il lui-même, nous jurons de nous défendre, nous jurons même de vaincre! »

A cinq heures, les frégates ennemies s'approchent; à cinq heures et demie le feu commence. Aux premiers coups, la *Minerve* et le *Ceylon* sont jetés en dérive et viennent échouer derrière la *Bellone*. C'est donc elle qui va soutenir tout l'effort des Anglais. Mais, Duperré est à son bord; il fait venir de la *Minerve* hommes et munitions, et le combat s'échauffe, dit le rapport, d'une manière indicible.

Il est dix heures et demie. Notre feu redouble et celui de l'ennemi a presque cessé. Le commandant se tient debout sur le pont, lorsqu'un éclat de mitraille l'atteint à la tête et le renverse dans la batterie, ensanglanté et privé de sentiment.

On s'empresse, on le relève. Lorsqu'il revient à lui, il veut reprendre son poste. Ses forces le trahissent, et le capitaine Bouvet, de la *Minerve*, achève de vaincre. Jusqu'à deux heures du matin on continue de tirer sur les Anglais, qui ne répondent plus.

Le lendemain, un radieux soleil d'Orient éclaira notre triomphe et le désastre de l'ennemi. Sur un tronçon de mât le pavillon de la *Néréide* flottait encore. Quelques pièces suffirent pour le faire tomber. La frégate se rendit. Quand nous l'abordâmes, cent morts et cent mourants couvraient son pont. La *Magicienne* et le *Sirius* tirèrent encore quelques coups de canon, derniers efforts du désespoir, puis furent incendiés et abandonnés par leurs équipages. De cette brillante « division anglaise », il ne restait que l'*Iphigénie*. Elle se réfugia à l'abri du fort de la Passe. En quelques heures, fort et frégate furent réduits.

On raconte que parmi les armes prises à l'ennemi se trouvait un sabre d'une richesse extraordinaire. Il avait été offert par la Compagnie de l'Inde au commodore Pym, en mémoire d'une prétendue victoire sur les Français que cet officier s'était faussement attribuée. Quand le neveu du commodore réclama le sabre, Duperré refusa. « La poignée est trop riche, » osa dire le jeune homme. Aussitôt Duperré mit la lame sur le pont, la cassa et la jeta à la mer. Puis donnant à l'Anglais la poignée et le fourreau : « Je vous rends, Monsieur, dit-il, ce que vous trouvez de plus précieux. »

Le 17 octobre 1810, Duperré, remis de ses blessures, entrait dans la capitale de l'île de France, et les acclamations de la foule saluaient le vainqueur du Grand-Port.

Vous dirai-je que les ennemis ne se résignèrent

pas à leur défaite? Mais, en gens prudents, ils ne s'exposèrent point à un nouvel échec. Et quatre-vingt-onze navires anglais vinrent hardiment présenter la bataille aux quatre frégates françaises. Avec ses braves marins, Duperré voulait lutter jusqu'à la mort. Mais le gouverneur général ouvrit des négociations. Les Anglais prirent l'île de France, mes amis, et Duperré garda l'honneur.

IV

Au milieu de leurs triomphes européens, la France et l'empereur avaient entendu par delà les mers le canon victorieux du Grand-Port. Et quand Duperré débarqua à Morlaix le 19 mars 1811, il venait d'être nommé commandeur de la Légion d'honneur et baron de l'Empire. Six mois plus tard, un décret impérial l'élevait au grade de contre-amiral. Il avait trente-six ans. « La mitraille du Grand-Port lui avait laissé une noble cicatrice à la joue droite, qui rendait encore plus imposante sa mâle physionomie animée du double éclat de la jeunesse et de la gloire[1]. »

Dès ce moment, il était hors pair et destiné aux plus grands commandements. On lui confia d'abord l'escadre légère de la Méditerranée. Un an plus tard, après la retraite de Russie, il dirige nos forces navales dans l'Adriatique et défend vigoureusement Venise contre les Autrichiens et les Anglais. Aux Cent jours, il est préfet maritime de Toulon, et l'en-

---

1. *Vie de l'amiral Duperré*, par M. Chassériau. Paris, 1848. C'est le travail le plus complet qui existe sur l'amiral.

nemi, maître de Marseille, n'ose approcher de notre grand arsenal. Cependant la Restauration succède à l'Empire. Le drapeau fleurdelisé de la vieille France, le drapeau de Tourville, de Duquesne et de Suffren, reparaît aux mâts de nos vaisseaux. Duperré le servira comme il a servi celui de la France nouvelle, fidèlement et loyalement. Mais l'un ne lui fera pas oublier l'autre. En 1818, l'amiral commandait la station des Antilles et était venu mouiller dans la rade de Saint-Thomas, auprès d'une frégate anglaise. Pour célébrer la fête de leur roi, les Anglais s'avisèrent d'attacher au-dessous de leur pavillon une flamme aux couleurs tricolores, et de la laisser traîner dans l'eau. Duperré vit là une intention outrageante et exigea sur-le-champ une réparation. Il fallut que le commodore anglais, dans une visite à l'amiral, témoignât les plus vifs regrets de ce qui s'était passé et fît des excuses. Louis XVIII approuva hautement cette susceptibilité patriotique. « J'ai commandé sous ces couleurs, avait dit l'amiral, et je ne souffrirai jamais même l'apparence d'une insulte au pavillon ou au nom français ! »

Ce fut au retour de cette croisière dans les Antilles, en septembre 1822, que Duperré épousa Mme la comtesse Morio, veuve de l'ancien ministre de la guerre dans le royaume de Westphalie. Elle était digne de lui, autant par son éducation distinguée que par les rares qualités de son esprit et les charmes de sa personne.

L'année suivante, 1823, eut lieu l'expédition d'Espagne. Il s'agissait de venir au secours d'un prince de la Maison de France, de lui conserver son trône et d'arracher l'Espagne à l'influence de l'Angleterre et de la révolution. Ferdinand VII était enfermé dans Cadix. Tour à tour, les Cortès l'avaient déclaré fou, déchu et prisonnier. Alors, cent mille Français, sous les ordres du dauphin, franchirent les Pyrénées, enlevèrent Madrid et assiégèrent Cadix. En même temps, une flotte de soixante-sept navires devait bloquer le littoral et envelopper la cité rebelle. On confia le commandement de cette flotte à Duperré. « Quand comptez-vous partir ? lui demanda le ministre. — Ce soir, Monseigneur, » répondit l'amiral. Il arriva le 17 septembre. Le 18, il enlevait le fort de Santi Petri, qui domine la rade. Le 24, il lançait contre la place plus de deux cents bombes et obus. De son côté, l'armée allait donner l'assaut, mais Cadix effrayé capitula. Le 1er septembre 1823, au bruit des salves d'artillerie de la place et de toute la côte, Ferdinand délivré aborda le port de Sainte-Marie. Il y fut reçu par Mgr le duc d'Angoulême. « Le petit-fils de Louis XIV, dit Chateaubriand, mit un genou en terre et présenta son épée à l'autre petit-fils du grand roi ; beau spectacle à l'extrémité de l'Europe, au bord de cette mer, la couche du soleil, *Solisque cubilia Cades !* »

Et les fiers sentiments qu'exprime ensuite le grand poète ne durent-ils pas être éprouvés par Duperré lui-même : « Nous fûmes dans un véritable transport, dit-il, à l'idée que la France pouvait renaître puissante et redoutable, que nous avions contribué à la relever de dessous les pieds de ses ennemis et à lui remettre l'épée à la main. Nous éprouvions un sentiment d'honneur égal à notre amour pour la patrie ! »

Le lendemain de l'entrée de nos troupes à Cadix, Duperré était promu vice-amiral, et, quelques semaines après, le roi d'Espagne lui envoyait la grand'-croix de l'ordre de Charles III.

A son retour, l'amiral organisa et commanda l'escadre d'évolutions de l'Atlantique et de la Méditerranée. Ces manœuvres d'ensemble, inaugurées alors sous sa direction et continuées depuis, ont perfectionné la tactique navale et rendu notre marine si puissante qu'elle n'en craint aucune au monde. Puis, de nouveau, par lettre royale du 3 novembre 1825, Duperré fut mis à la tête d'une escadre qui partait pour les Antilles. On le chargeait d'établir des relations politiques et commerciales avec les républiques américaines du golfe du Mexique, qui venaient de s'affranchir. Vous dire avec quelle fermeté et quelle habileté à la fois il s'acquitta de cette haute mission dépasserait les limites de ce discours. En 1830, il était depuis trois ans préfet maritime de Brest, « très heureux parce qu'il avait sous les yeux ce qu'il aimait le plus au monde après son pays : sa famille et la mer[1] », lorsqu'il fut subitement appelé à Paris.

V

La France venait d'être gravement insultée. Non

1. Chassériau, *Vie de l'amiral Duperré*.

content de méconnaître nos privilèges, le dey d'Alger, Hussein, avait osé frapper d'un coup d'éventail le consul français. A notre demande de réparation, il répondit par un nouvel outrage. Le 3 août 1829, en pleine lumière, devant les grands espaces du ciel et de la mer, sous les yeux de cinquante mille témoins émus et frémissants, il fit pleuvoir sur le navire de notre ambassadeur une grêle de boulets.

L'honneur de la France et le droit des gens voulaient être vengés. Une expédition fut résolue. On manda à Paris le capitaine du Petit-Thouars, comme l'officier le plus capable de renseigner le gouvernement. Pendant plusieurs années, il avait croisé sur les côtes d'Algérie et les connaissait mieux que personne. Son plan fut agréé. Dans une audience particulière, M. le dauphin lui en exprima toute la satisfaction du roi. Puis, brusquement, il lui demanda : « Si vous étiez ministre de la marine, à qui donneriez-vous le commandement de l'expédition ? — Monseigneur, je suis bien jeune d'années et de grade pour décider d'une pareille question. Je prie Votre Altesse Royale de permettre que je me borne à lui répondre ce qui est ma conviction : c'est que tous les officiers généraux sont très capables de mener à bonne fin cette entreprise. » Mais le prince insista : « Je vous ai fait une question précise : je veux une réponse précise et je vous ordonne de répondre. » Après un instant de recueillement, Du Petit-Thouars répondit d'une voix assurée : « Je nommerais l'amiral Duperré. » Il paraît qu'un nuage passa sur le front du duc d'Angoulême, car M. de Polignac venait de prendre le pouvoir et Duperré passait pour libéral. « Quelles seraient vos raisons pour le nommer ? demanda le dauphin. — La première, répondit Du Petit-Thouars, c'est qu'il a eu les plus beaux combats de mer dans les dernières grandes guerres. La seconde, c'est que, parmi tous les amiraux, c'est lui qui inspirera le plus de confiance à la marine. »

Quelques jours après, Duperré arrivait à Paris, mandé par le ministre. On était aux premiers jours de mars. Or, les côtes d'Algérie sont inabordables après le mois de juin. Il fallait donc que le débarquement des troupes s'effectuât avant cette époque. Et rien n'était prêt. Duperré crut que le temps manquerait. Il le dit avec sa loyale franchise de marin. Pour toute réponse, le ministre lui ordonna de partir pour Toulon.

L'amiral avait compté sans son énergie et sa surprenante activité. Il avait demandé six mois pour se préparer. On lui en donna trois. Il ne prit que quarante-huit jours. Et une flotte immense de 675 navires couvrit la mer jusqu'aux limites de l'horizon.

L'armée embarqua le 16 mai 1830. Elle comptait 35 000 hommes sous les ordres du comte de Bourmont. Le 18 mai, l'amiral arbora son pavillon sur la *Provence*. C'était le même navire criblé naguère par les canons algériens. On appareilla le 25 mai. Le dauphin se tenait sur le rivage. Une foule enthousiaste, accourue de la ville et des montagnes, se pressait autour de lui. On acclamait ces fils des croisés qui s'en allaient par delà les mers délivrer les esclaves et ouvrir un monde nouveau à la civilisation chrétienne et à la France. Et il semblait qu'on entendît à travers les siècles le cri de victoire de Bossuet annonçant au grand roi les succès du dernier de sa race : « Tu céderas ou tu tomberas sous ce vainqueur, Alger, riche des dépouilles de la chrétienté. Tu disais, en ton cœur avare : « Je tiens la mer sous « mes lois, et les nations sont ma proie. » La légèreté de tes vaisseaux te donnait de la confiance, mais tu te verras attaquée dans tes murailles comme un oiseau ravissant qu'on irait chercher parmi ses rochers ou dans son nid où il partage son butin à ses petits. Tu rends déjà tes esclaves. »

La navigation fut longue et périlleuse. Plus d'une fois notre flotte fut dispersée par la tempête et éloignée de la côte par la violence des vents. Certes ce n'était pas une situation ordinaire que de tenir en ses mains, sur l'océan bouleversé, la vie de 35 000 hommes. Ce n'était pas une petite œuvre que de diriger, de rallier 700 navires, de réparer les avaries causées par la tempête. Duperré en vint à bout, opposant aux éléments déchaînés le calme impassible d'un esprit maître de lui-même. Il paraît toutefois que le plus difficile ne fut pas de triompher de la mer irritée, mais de calmer l'impatience des troupes et la furie française qui réclamait l'ennemi à grands cris.

Enfin, après dix-huit jours, le 13 juin, au lever du soleil, Alger parut avec ses blanches murailles et son rivage couvert de riantes villas. Nos soldats saluèrent de leurs acclamations cette terre d'Afrique qu'ils allaient baptiser française avec leur sang ; et quand l'émir aperçut de la terrasse de son palais la mer couverte de nos navires, il commença à comprendre qu'on n'insulte pas impunément la France.

Le lendemain, — c'était le jour de la Fête-Dieu, — l'armée débarqua dans la baie de Sidi-Ferruch. Duperré présida cette dangereuse opération, qui s'effectua en quelques heures. Pendant que nos soldats se jetaient à la mer pour atteindre le rivage, les vaisseaux, rangés au fond du golfe et la mèche de leurs canons allumée, écartaient l'ennemi.

Puis, sous son chef intrépide, l'armée de terre accomplit son œuvre d'investissement. Elle l'accomplit à la française, je veux dire glorieusement et rapidement. En quinze jours, après deux brillantes victoires, Alger la bien gardée fut enveloppée. De son côté, l'amiral soutenait les efforts des troupes, resserrait le blocus et n'attendait qu'un signal pour bombarder la ville.

Ce signal fut donné le 1er juillet. Aussitôt l'escadre entière se mit en mouvement. Le vaisseau-amiral prit la tête, et sous le feu tonnant de trois cents canons ennemis, tous les bâtiments français suivirent, lâchèrent contre la ville leurs bordées de tribord et regagnèrent la pleine mer. En même temps notre artillerie de terre achevait de détruire les dernières défenses de la place.

Le 4 juillet, une formidable détonation se fit entendre, soulevant au loin les vagues de la mer. C'était la citadelle d'Alger, le château de l'empereur qui sautait. Le dey en avait donné l'ordre, espérant ensevelir sous ses ruines une partie de notre armée. Mais les pertes furent insignifiantes, et après un moment de stupeur nos soldats s'élancèrent par la brèche béante. Le premier qui parvint au sommet de la forteresse, impatient d'y voir flotter le drapeau blanc, ôta sa chemise et la fixa au bout de sa baïonnette. C'est par ce pavillon improvisé avec une gaieté toute française, qu'Alger et la flotte apprirent notre victoire.

Il ne restait plus à l'ennemi qu'à traiter. Alger la guerrière se rendit à discrétion. Ce que Charles-Quint n'avait pu faire aux jours de sa toute-puissance, la France venait de l'accomplir. Et au cours des négociations, le parlementaire de l'émir avait raison de dire : « Lorsque les Algériens sont en guerre avec le roi de France, ils ne doivent pas faire la prière du soir avant d'avoir conclu la paix. »

Le lendemain 5 juillet, quand l'armée victorieuse s'avança dans les rues tortueuses d'Alger, les esclaves vinrent en pleurant de joie baiser les mains de nos soldats libérateurs; et tous les canons de l'escadre s'associèrent par leurs détonations à la joie universelle.

Tel fut, mes amis, ce grand *fait d'armes* que je ne crains pas d'appeler la plus glorieuse victoire du siècle. Car il y a d'aussi belles victoires qu'Austerlitz ou Wagram, ce sont les victoires qui sauvent la patrie comme Denain, ce sont les victoires qui délivrent les esclaves, doublent le sol du pays et ouvrent à l'Évangile de nouveaux continents.

Quelque temps après, une scène émouvante avait lieu à bord de nos navires. L'équipage était rangé sur le pont. Un silence religieux régnait, troublé seulement par la grande voix du canon tonnant par intervalles. Tout à coup le pavillon blanc fut amené doucement le long de la drisse; les marins présentèrent les armes et suivirent d'un regard ému son dernier flottement. Puis, à un autre signal, le drapeau tricolore fut hissé avec les mêmes honneurs. La révolution était accomplie. Et là-bas, sur une autre mer, le vieux roi, hier encore maître de cette vaste flotte, pendant que les esclaves délivrés des bagnes d'Alger rentraient dans leur patrie, s'en allait triste et fugitif pour un exil éternel.

VI

Du moins le nouveau souverain sut reconnaître les grands services rendus par l'amiral. « La France entière, lui écrivait le ministre de la marine, a applaudi au brillant succès de vos opérations... Je suis chargé de vous transmettre deux ordonnances auxquelles je m'estime heureux d'avoir pu concourir : la première rétablit dans la marine le grade d'amiral qu'elle assimile en tous points au grade de maréchal de France; par la seconde de ces ordonnances, le roi vous élève à cette dignité. En commençant par vous, M. l'amiral, Sa Majesté a voulu rehausser encore l'éclat de l'institution. »

Admis à la Chambre des pairs dès le mois de novembre 1830, grand'croix de la Légion d'honneur et président du conseil d'amirauté, Duperré fut nommé, le 22 novembre 1834, ministre de la marine et des colonies. Il garda le portefeuille jusqu'en 1837, le reprit une seconde fois le 12 mai 1839, et une troisième, le 27 octobre 1840. Cinquante ans de services l'avaient préparé à ces hautes fonctions, et peu de ministres ont eu une administration aussi féconde. Deux choses le préoccupèrent par-dessus tout : les intérêts du personnel maritime et le développement de notre puissance navale. Je n'entreprendrai point de résumer les nombreux actes législatifs ou administratifs émanés de sa prodigieuse activité : il suffira de dire qu'il fut au conseil ce qu'il avait été à bord, un homme de règle et un travailleur acharné. Il s'appliqua strictement cette belle maxime d'un de nos plus grands rois[1], qu'on ne gouverne les hommes que par le travail et pour le travail. Et chaque jour, de sept heures du matin à sept heures du soir, les affaires du pays l'absorbèrent sans qu'il songeât un seul instant à son repos ou à son plaisir.

En 1840, Duperré eut une belle espérance. La France, exclue du concert européen dans la question d'Orient, se préparait à la guerre. Par la voix du pays tout entier, Duperré fut désigné pour le commandement en chef de nos forces navales. Il reprit avec joie sa glorieuse épée et partit. La nouvelle que le vieil amiral allait reparaître dans les mers d'Orient

---

1. Louis XIV, *Mémoires*.

causa dans l'Inde anglaise une grande émotion. Mais il n'eut pas le bonheur de combattre une dernière fois pour la France. Les conseils de modération l'emportèrent et le péril de la guerre fut conjuré.

Tant de travaux avaient épuisé les forces de Duperré. « Notre métier tel que je le conçois et que je l'ai toujours fait, écrivait-il lui-même, ne se fait pas impunément. » Sur les instances de sa famille, il remit au roi sa démission, le 6 février 1843. Du pouvoir, il n'emportait point la richesse et ne laissa aux siens qu'un patrimoine d'honneur qu'ils ont su conserver. Bien que sans fortune, l'amiral ne toucha jamais son traitement de ministre. Désintéressement trop rare, mes amis, qui me rappelle ces paroles d'un écrivain : « Mourir pauvre est pour l'homme au pouvoir la plus immortelle des épitaphes[1]. » Après sa retraite, Duperré partit pour une petite terre, située à quelques lieues de Blois, à laquelle il avait lui-même donné le nom touchant de « Mon-Repos ». Hélas ! il n'y avait point de repos possible pour lui. L'inaction dévore vite les âmes énergiques comme la sienne ; en leur enlevant l'occasion de se dévouer, c'est la vie qu'on leur enlève. Bientôt Duperré demanda à revenir à Paris. On l'y ramena vers la fin d'octobre 1846. Dès lors, il se sentit gravement atteint. Il alla s'affaiblissant de jour en jour, sans que ni les atteintes de la douleur, ni les affres de la mort prochaine altérassent jamais la sérénité parfaite de son âme. Son seul regret était de ne pouvoir bénir

1. M. Thiers.

une dernière fois son cher fils, retenu dans les mers lointaines, au service de la France. Ayant gardé jusqu'à la fin la pleine lumière de son intelligence et toute l'énergie de sa volonté, il fit appeler le prêtre. Le Dieu de sa mère, le Dieu qu'il avait reçu à Juilly pour la première fois, et devant lequel il avait toujours courbé le front, au milieu des tempêtes du ciel et des batailles de la mer, vint fortifier sa dernière heure. Ce fut le 2 novembre 1846, entre la fête des saints et celle des morts, que Duperré lui rendit son âme sans peur et sans reproche.

Et maintenant, mes amis, votre ancien camarade repose aux Invalides, à quelques pas de l'empereur, tout près de Turenne, de Vauban, de Kléber et des plus illustres serviteurs du pays. Revêtu de son uniforme, la croix sur la poitrine, l'épée au côté, il attend le réveil qui ne doit plus finir.

Là-bas, aux bords de l'Océan, sa ville natale lui a élevé une statue avec les canons pris à Alger. Et l'artiste a gravé sur le bronze les héroïques paroles de Duperré au combat de Groix. Ces paroles je vous les laisse, mes amis, vous les recueillerez dans vos cœurs, pour les jeter comme un défi sublime à la face de l'ennemi, que ce soit l'ennemi de la patrie, l'ennemi de votre foi ou de votre vertu : *Coule si tu peux : je n'amène pas!*

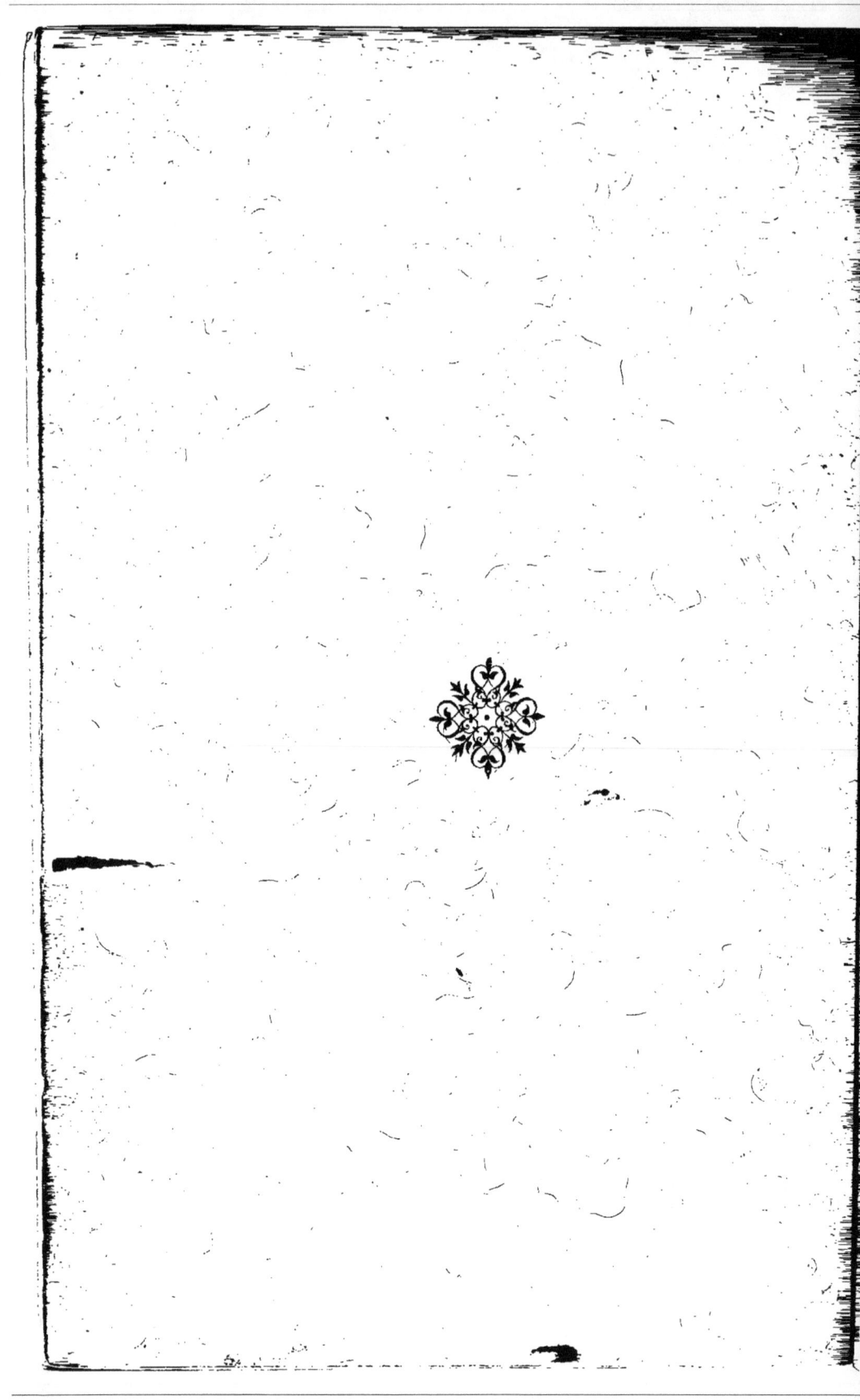

www.ingramcontent.com/pod-product-compliance
Lightning Source LLC
Chambersburg PA
CBHW060955050426
42453CB00009B/1187